中国
ハノイ
ラオス
ベトナム
南シナ海
メコン川
タイ
カンボジア
ホーチミン
タイランド湾
プートゥー村
カントー

Vietnam

世界のともだち 11

ベトナム

ふたごのソンとチュン

鎌澤久也

chào buổi trưa

チャオブイチュア（こんにちは）

em tên lã Sơn

ぼくの名前はソンです。

chào buỗi trưa

チャオブイチュア（こんにちは）

em tên là trường

ぼくの名前はチュンです。

Standard
Chartered

こんにちは。
ぼくたちはふたごの
ソンとチュンです。

ベトナム南部《なんぶ》カントー市《し》近郊《きんこう》にある
プートゥー村《むら》。
メコン川《がわ》沿《ぞ》いに水田《すいでん》や果樹園《かじゅえん》が
広《ひろ》がるこののどかな村《むら》で、
11才《さい》のソンとチュンの
兄弟《きょうだい》がくらしています。

左《ひだり》からお父《とう》さんのモイ、おじいさんのタム、チュン、ソン、お姉《ねえ》さんのフーン、お母《かあ》さんのツゥイ

ソンとチュンの家族《かぞく》

ソンとチュンの家族《かぞく》、グエンさん一家《いっか》は、お父《とう》さん、お母《かあ》さん、お姉《ねえ》さんと、同居《どうきょ》しているおじいさんの６人家族《にんかぞく》です。一家《いっか》はジャックフルーツなどの果物《くだもの》を栽培《さいばい》する果樹園《かじゅえん》を営《いとな》んでいます。代々《だいだい》、お米《こめ》を作《つく》っていた土地《とち》を果樹園《かじゅえん》にかえたのは、おじいさんです。おじいさんは、家業《かぎょう》をお父《とう》さんにゆずってほっとしたのか、いまは好《す》きなテレビを見《み》たり、ハンモックで昼寝《ひるね》をしたりしてすごしています。

お父《とう》さんとお母《かあ》さんは同《おな》じ村《むら》で生《う》まれ育《そだ》ち、親《おや》のすすめで結婚《けっこん》をしました。お父《とう》さんは明《あか》るいお母《かあ》さんのことが大好《だいす》きで、仲《なか》のいい夫婦《ふうふ》です。

お父《とう》さんは物静《ものしず》かで働《はたら》き者《もの》。お酒《さけ》が好《す》きで、酔《よ》うと親《しん》せきの家《いえ》のカラオケで気持《きも》ちよさそうに歌《うた》をうたいます。お母《かあ》さんはいつもカラフルな服《ふく》を着《き》て、果樹園《かじゅえん》と家《いえ》のあいだをあっちこっち動《うご》きまわり、よく働《はたら》きます。お姉《ねえ》さんは、ソンとチュンがいたずらをするとすぐしかってくれる、いいお姉《ねえ》さんです。

お母《かあ》さんは34才《さい》、お父《とう》さんは38才《さい》。仲《なか》のいい夫婦《ふうふ》

ソンとチュン、なにふざけてるの！

おじいさんは74才《さい》。お気《き》に入《い》りのハンモックでのんびりすごす

果樹園《かじゅえん》でみのったジャックフルーツをかつぐお父《とう》さん

お姉《ねえ》さんは13才《さい》の中学生《ちゅうがくせい》

両親《りょうしん》の結婚式《けっこんしき》の写真《しゃしん》

ソンとチュンの幼《おさな》いころ

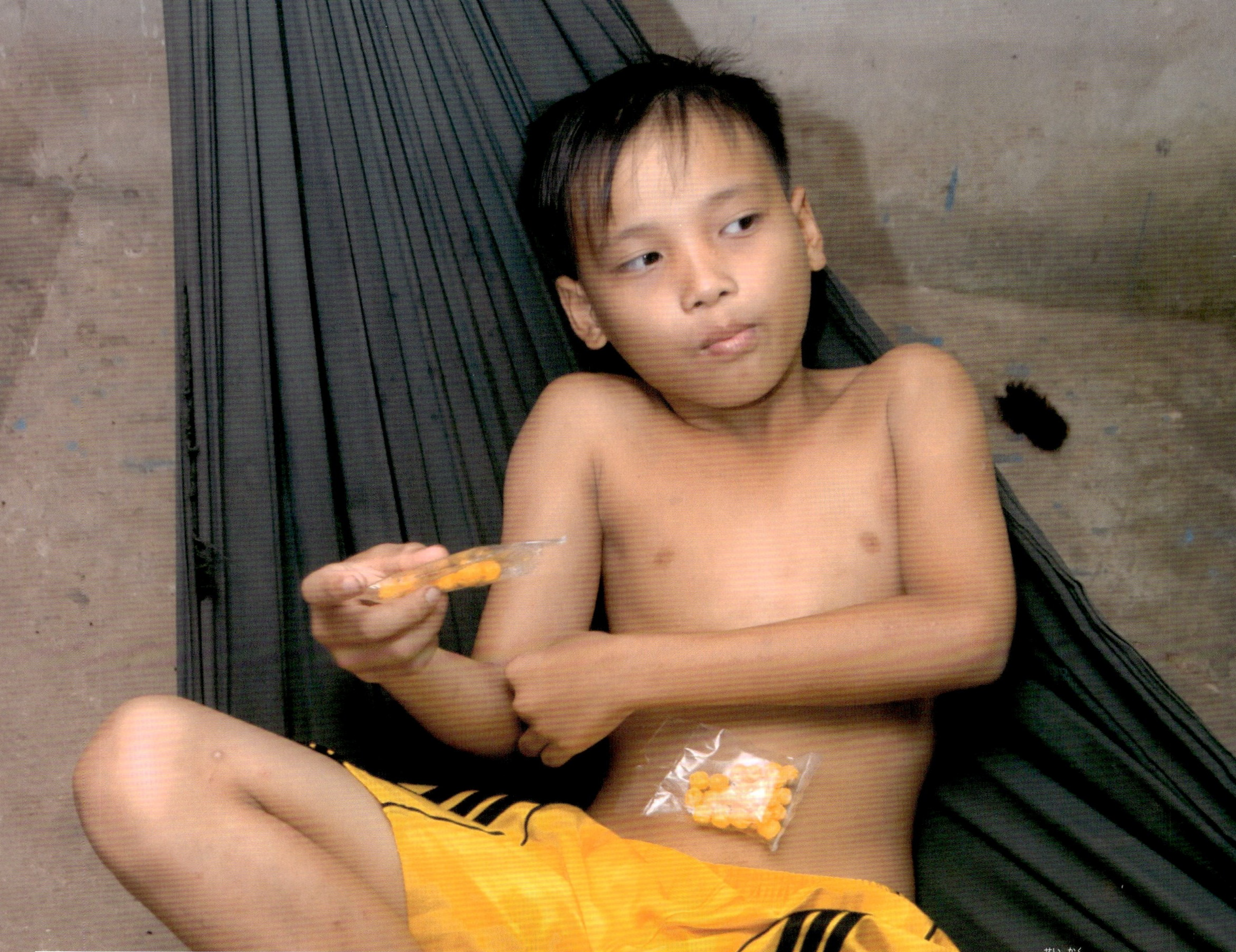

ふたごの兄《あに》チュンのこと

ソンとチュンは、プートゥー村《むら》にほかのふたごがいないこともあって、村《むら》の有名人《ゆうめいじん》です。近所《きんじょ》のどの店《みせ》や家《いえ》でもたいてい知《し》られていて、みんなにかわいがられています。ふたりはそっくりな顔《かお》をしていて、好《す》きなものも似《に》ていて、学校《がっこう》の成績《せいせき》は両方《りょうほう》ともとても優秀《ゆうしゅう》。似《に》ているところの多《おお》いふたりですが、性格《せいかく》は少《すこ》しだけちがうようです。

チュンはどちらかというとマイペースな性格《せいかく》。ひとりで工作《こうさく》をして遊《あそ》ぶことが好《す》きで、みんなででかけるときも気《き》がのらなければ留守番《るすばん》をするタイプです。ソンといっしょに遊《あそ》ぶときは、チュンがソンに指図《さしず》して、リーダーの役割《やくわり》をします。

チュンがいま、はまっているのは電池《でんち》やモーターを使《つか》った工作《こうさく》。小型《こがた》のモーターを川《かわ》に沈《しず》め、水《みず》の中《なか》でモーターを動《うご》かす実験《じっけん》を忍耐強《にんたいづよ》くくりかえしていました。手先《てさき》がとても器用《きよう》で、物《もの》ごとにはじっくり取《と》りくむ性格《せいかく》のようです。

マンゴーが大好《だいす》き！　裏庭《うらにわ》にマンゴーの木《き》があって、いつでも食《た》べられるのがうれしい

チュンはモーターを使《つか》った工作《こうさく》に夢中《むちゅう》

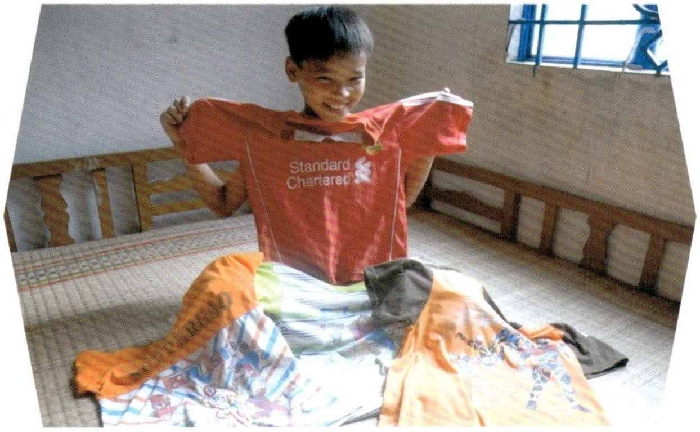

チュンの服《ふく》。赤《あか》いシャツがいちばん好《す》き

ソンとまくら投《な》げをして大《おお》はしゃぎ

自転車《じてんしゃ》はソンとふたりで使《つか》っているよ！

ビーチボールはチュンの宝物《たからもの》

ソンの宝物《たからもの》は水鉄砲《みずでっぽう》

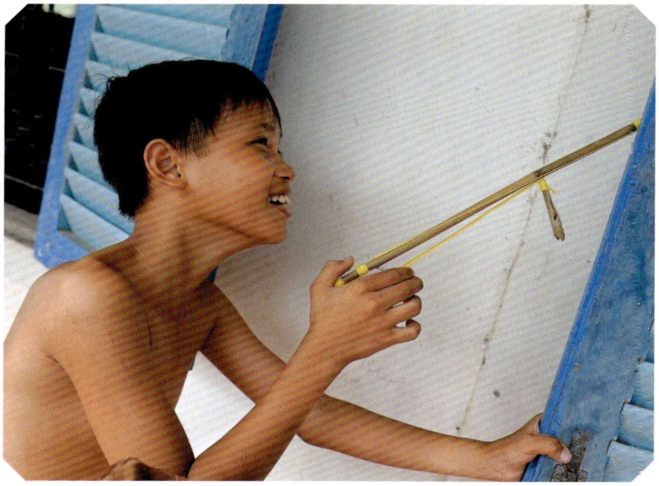
竹《たけ》と輪《わ》ゴムで作《つく》ったピストルで、かべにいるヤモリをねらう

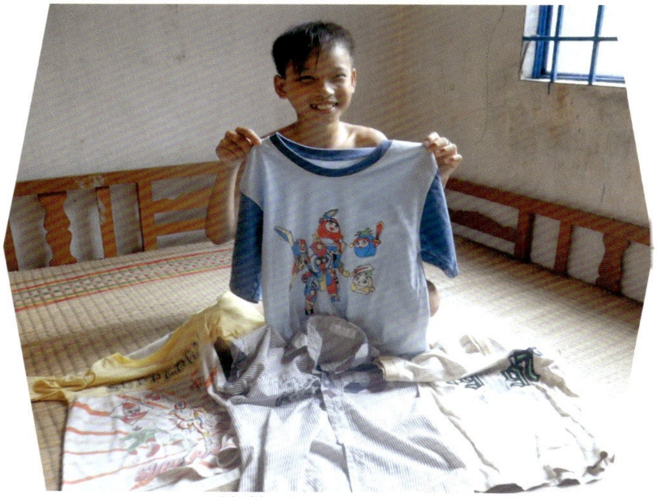
ソンの服《ふく》。青《あお》いT《ティー》シャツがいちばん好《す》き

ブロックを組《く》み立《た》てて、かっこいい車《くるま》を作《つく》った

雨《あめ》が降《ふ》ってきた！ 洗《せん》たく物《もの》をとりこまなくちゃ

ふたごの弟《おとうと》ソンのこと

弟《おとうと》のソンはチュンにくらべ、やんちゃなところがあります。水鉄砲《みずでっぽう》でチュンやお姉《ねえ》さんに水《みず》をかけていたずらしたり、おもしろいことをして家族《かぞく》を笑《わら》わせるのもソンのほうです。ソンもチュンもよく家《いえ》の手伝《てつだ》いをしますが、洗《せん》たく物《もの》が雨《あめ》でぬれているのに気がついて、服《ふく》をとりこむのはいつもソンです。

ソンのお気《き》に入《い》りのＴ《ティー》シャツは、キャラクターがついた青《あお》いシャツ。「かっこいいでしょ！」と見《み》せてくれました。でも、お気《き》に入《い》りのシャツをチュンが着《き》ても怒《おこ》りません。逆《ぎゃく》にソンがチュンのおもちゃを使《つか》うこともあります。お母《かあ》さんは、「ふたりに同《おな》じ物《もの》を買《か》うと、どっちが自分《じぶん》の持《も》ち物《もの》かわからなくなって、ふたりして『ぼくのだ！』といってけんかになる。でもべつべつの物《もの》を買《か》うと自分《じぶん》の物《もの》がはっきりわかって、仲《なか》よく貸《か》し借《か》りができるみたい」といっていました。そんな風《ふう》にしてソンとチュンは、持《も》ち物《もの》を共有《きょうゆう》して使《つか》っているようです。

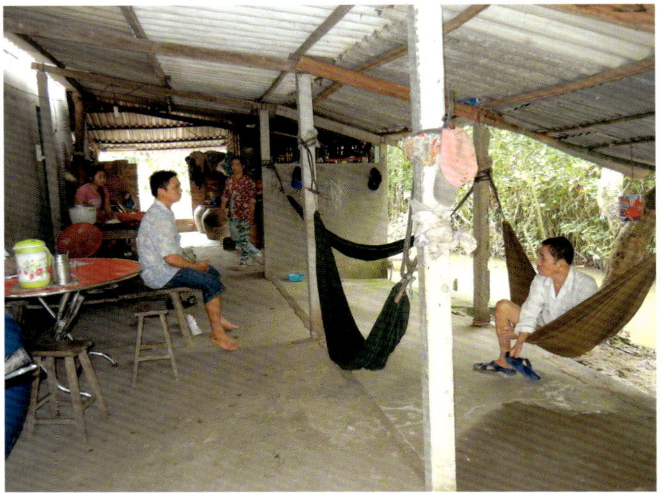

川《かわ》の近《ちか》くはすずしいので、暑《あつ》いときはここですごす

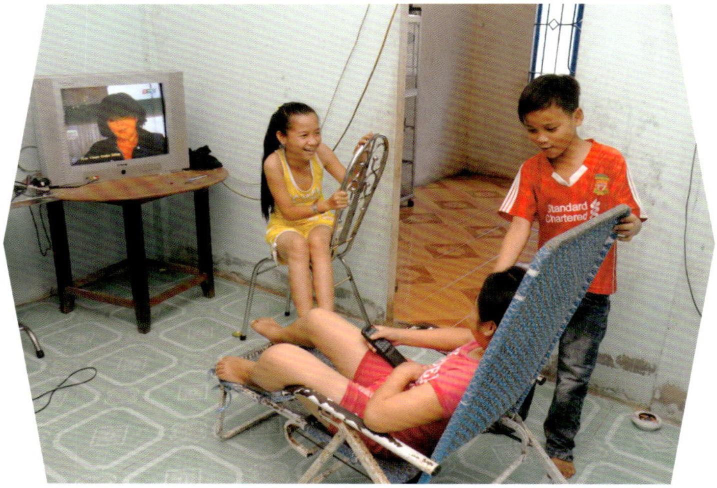

テレビのある部屋《へや》にみんなが集《あつ》まる

川《かわ》から水《みず》をひいてつくった池《いけ》で、家族《かぞく》が食《た》べる分《ぶん》の魚《さかな》を育《そだ》てている

川《かわ》を利用《りよう》した住《す》まい

ソンとチュンの家《いえ》は、果樹園《かじゅえん》の敷地《しきち》の一部《いちぶ》にある1階《かい》建《だ》ての家《いえ》です。このあたり一帯《いったい》は「クリーク」とよばれる小《ち》さな川《かわ》が無数《むすう》にはりめぐらされた地域《ちいき》で、家《いえ》のまえにも川《かわ》が流《なが》れています。家《いえ》には水《すい》道《どう》がないため、川《かわ》からさらに家《いえ》の敷地《しきち》へ用水路《ようすいろ》を引《ひ》き、その水《みず》を生活用水《せいかつようすい》として使《つか》っています。飲料水《いんりょうすい》や、歯《は》みがきや野菜《やさい》を洗《あら》うための水は、雨期《うき》のあいだに水槽《すいそう》にためた雨水《あまみず》を使《つか》います。川《かわ》の近《ちか》くに住《す》む人々《ひとびと》は、川《かわ》の水《みず》を上手《じょうず》に使《つか》ってくらしています。

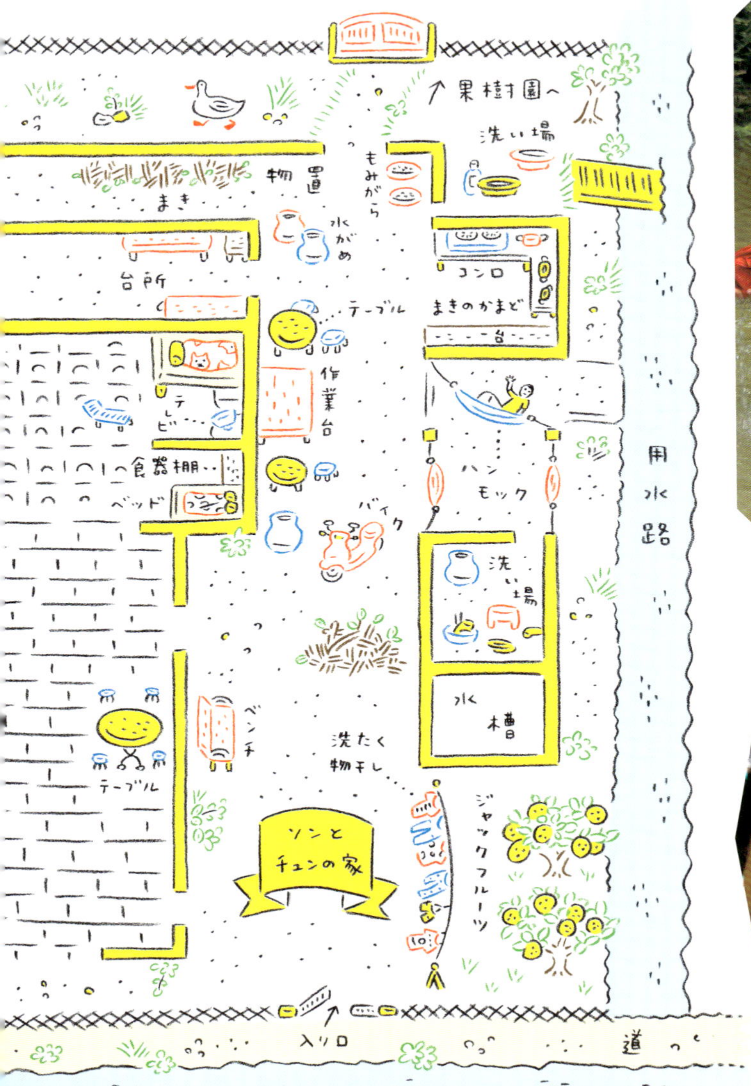

川《かわ》の水《みず》は洗《せん》たくをするのに便利《べんり》

歯《は》みがきのときは、うがいした水《みず》を川《かわ》に捨《す》てる

30羽《ば》ほどのアヒルが放《はな》し飼《が》いされている

小鳥《ことり》のさえずりがすずやか

サトウキビなどは川《かわ》の水《みず》で洗《あら》うこともある

果樹園《かじゅえん》ではいつもおいしい果物《くだもの》がとれるのよ

収穫《しゅうかく》のときは子《こ》どもたちも大切《たいせつ》な働《はたら》き手《て》になる

グエンさん一家《いっか》の果樹園《かじゅえん》

広大《こうだい》な果樹園《かじゅえん》にはジャックフルーツの木《き》が400本《ぼん》、ライチが80本《ぼん》、ランブータンが37本《ほん》、そしてザボンが10本《ぼん》ほどあります。いまは育《そだ》てていませんが、ベトナム語《ご》で「マン」とよばれる果物《くだもの》の栽培《さいばい》からグエンさん一家《いっか》の果樹園《かじゅえん》ははじまりました。

果物《くだもの》が食《た》べごろになると、家族《かぞく》みんなで果樹園《かじゅえん》へいき、木《き》から実《み》をもぎとって収穫《しゅうかく》します。ジャック

果物《くだもの》についたよごれをとってから出荷《しゅっか》する

肥料《ひりょう》をまく準備《じゅんび》をしているお父《とう》さんをじっと見《み》るチュン

親《しん》せきもいっしょに作業《さぎょう》する

ランブータンはこうやって運《はこ》ぶんだよ

よいしょ! 果物《くだもの》をかつぐ

フルーツは直径《ちょっけい》が60cmにもなり重《おも》たいので、お父《とう》さんとお母《かあ》さんが熟《じゅく》したものをえらんで１つずつ家《いえ》の中《なか》庭《にわ》へ運《はこ》びます。子《こ》どもたちは親《しん》せきの家《いえ》を行《い》き来《き》して、収穫《しゅうかく》した果物《くだもの》をよりわける作業《さぎょう》のお手《て》伝《つだ》い。数《すう》年《ねん》前《まえ》までは、果物《くだもの》をボートに乗《の》せて水上《すいじょう》マーケットまで運《はこ》んでいましたが、いまはバイクです。道《みち》がよくなったので、そのほうが速《はや》いのです。

果《か》樹《じゅ》園《えん》の手《て》入《い》れをするお父《とう》さんの仕事《しごと》を、いつもソンかチュンのどちらかが見《み》ています。こうして自《し》然《ぜん》にお父《とう》さんの仕事《しごと》をおぼえていくようです。

バイクにジャックフルーツをたくさん積《つ》んで、市場《いちば》へ出発《しゅっぱつ》!

左上《ひだりうえ》から時計《とけい》まわりにライチ、ジャックフルーツ、マン、ザボン

最近《さいきん》、人通《ひとどお》りの多《おお》い道《みち》ばたで果物《くだもの》を売《う》る売店《ばいてん》をはじめた

ベトナムの食事《しょくじ》

　ベトナムでは、朝《あさ》ごはんや昼《ひる》ごはんをそれぞれ屋《や》台《たい》で食《た》べたり、買《か》ってきたりすることが多《おお》いので、夕《ゆう》ごはんが家族《かぞく》で集《あつ》まって食《た》べる大切《たいせつ》な食事《しょくじ》です。
　野菜《やさい》や肉《にく》は、近《ちか》くの市場《いちば》へ買《か》いに行《い》きます。ベトナムの食卓《しょくたく》では、生野菜《なまやさい》を豊富《ほうふ》にならべるため、お母《かあ》さんは葉物野菜《はものやさい》をたっぷり買《か》って帰《かえ》ってきます。野菜《やさい》でいろいろな料理《りょうり》を包《つつ》んで食《た》べるのです。

お母《かあ》さんが市場《いちば》へバイクでやってきて、お買《か》い物《もの》。「これいくら?」

野菜《やさい》の下《した》ごしらえは作業台《さぎょうだい》に座《すわ》ってする

煮炊《にた》きをするときは、なべが熱《あつ》くなりすぎないように二重《にじゅう》にして使《つか》う

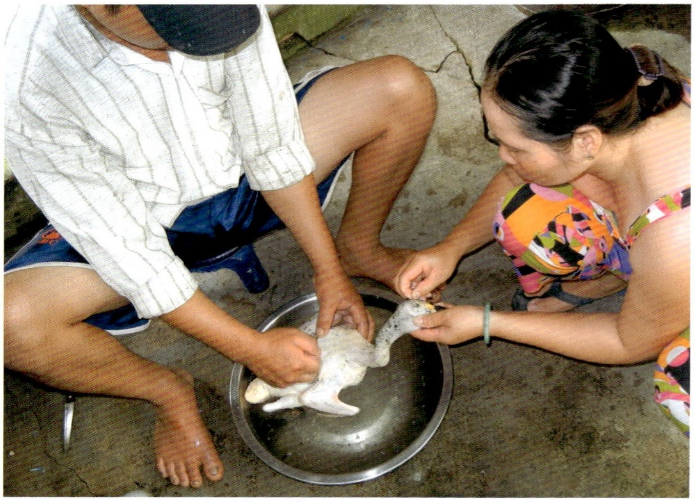
アヒルの細《こま》かい羽《はね》をむしって、ごちそうの準備《じゅんび》

ガス台《だい》もあるけれど、ふだんは、まきを使《つか》って料理《りょうり》する

市場《いちば》では野菜《やさい》をたっぷり買《か》う

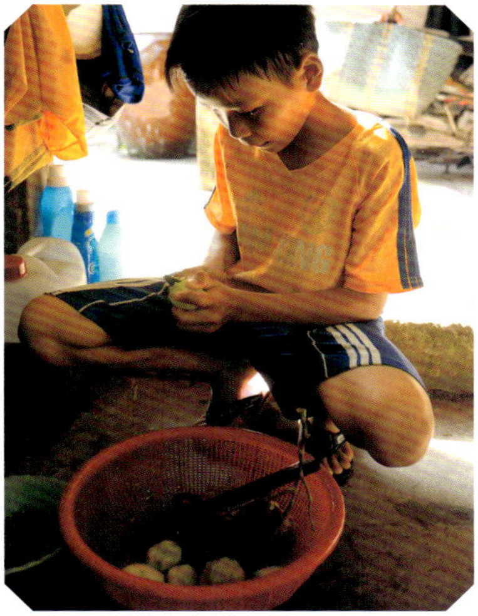

包丁《ほうちょう》も上手《じょうず》に使《つか》えるよ

すり鉢《ばち》で、調味料《ちょうみりょう》をすりつぶす

少《すこ》しまえまでネズミも食材《しょくざい》にした

肉《にく》や魚《さかな》に香辛料《こうしんりょう》をふりかける

お米《こめ》を原料《げんりょう》にしたライスペーパーで春巻《はるまき》を作《つく》る

石《いし》うすは重《おも》たいなあ。せーの！

お母《かあ》さんはいつも３種類《しゅるい》以上《いじょう》のおかずを作《つく》ります。お客《きゃく》さんがくるときは、庭《にわ》で飼《か》っているニワトリやアヒルをつかまえ、お父《とう》さんとお母《かあ》さんで協力《きょうりょく》して、１羽丸《わまる》ごと使《つか》ったごちそうを作《つく》ります。

バインセオ（ベトナム風《ふう》のお好《この》み焼《や》き）を作《つく》るときは、ソンとチュンがふたりがかりで重《おも》たい石《いし》うすをひき、米《こめ》で粉《こな》を作《つく》ります。それに水《みず》とターメリックを入《い》れて薄《うす》く焼《や》き、もやしなどの具《ぐ》を入《い》れてできあがり。ふたりは包丁《ほうちょう》を使《つか》うのも、春巻《はるまき》を包《つつ》むのもなれたもので、台所仕事《だいどころしごと》をいつも手伝《てつだ》っています。

午後《ごご》三時《さんじ》ごろから夕《ゆう》ごはんのしたくをして、五時《ごじ》にみんなで食《た》べる

　できあがった料理《りょうり》を外《そと》のテラスか、家《いえ》の中《なか》のテーブルに運《はこ》ぶと、夕《ゆう》ごはんの時間《じかん》になります。グエンさんの家《いえ》には、親《しん》せきがよくやってくるので、食卓《しょくたく》をいっしょにかこむ日《ひ》もあります。お茶《ちゃ》わんに白《しろ》いごはんをよそって、はしを使《つか》って、数種類《すうしゅるい》のおかずといっしょにいただきます。時間《じかん》をたっぷりかけて作《つく》る料理《りょうり》はとってもおいしいです。

　ベトナム料理《りょうり》はそれほど辛《から》くなく、テーブルにいつも生《なま》のトウガラシやヌックマム（魚《さかな》を原料《げんりょう》にしたベトナムの調味料《ちょうみりょう》）をならべ、それぞれが自分《じぶん》で好《す》きなだけ辛《から》くして食《た》べます。

　川《かわ》や海《うみ》でとれる魚《さかな》を、焼《や》いたり煮《に》たりして食《た》べるのは、日本《にほん》とかわりません。メロンの実《み》を薄《うす》くスライスして、塩《しお》と砂糖《さとう》を入《い》れて煮《に》こむ、日本《にほん》の漬物《つけもの》のような食感《しょっかん》の料理《りょうり》も食卓《しょくたく》にならびます。テーブルにライスペーパーを用意《ようい》し、めいめい水《みず》でもどして、揚《あ》げた春巻《はるまき》、野菜《やさい》、麺《めん》を包《つつ》んで食《た》べるおもしろい食《た》べ方《かた》もあります。

ネギを入《い》れたおかゆ

メロンを甘辛《あまから》く煮《に》たもの

目玉焼《めだまや》きとトマト

具材《ぐざい》をライスペーパーで包《つつ》んで食《た》べる

貝《かい》を煮《に》たもの

ベトナムの麺料理《めんりょうり》ブンリュウ

やわらかく煮《に》た豚肉《ぶたにく》

揚《あ》げ春巻《はるまき》をさらに包《つつ》んで食《た》べるこだわりの一品《いっぴん》

ニガウリと鶏肉《とりにく》のスープ

ベトナム風《ふう》お好《この》み焼《や》き、バインセオをぱくり！

豚肉《ぶたにく》を揚《あ》げたもの

タコとカボチャの花《はな》のなべ

ココナッツミルクと豆《まめ》のおやつは、おいしい！

揚《あ》げた魚《さかな》を炒《いた》めたもの

こんがり焼《や》いた川魚《かわざかな》

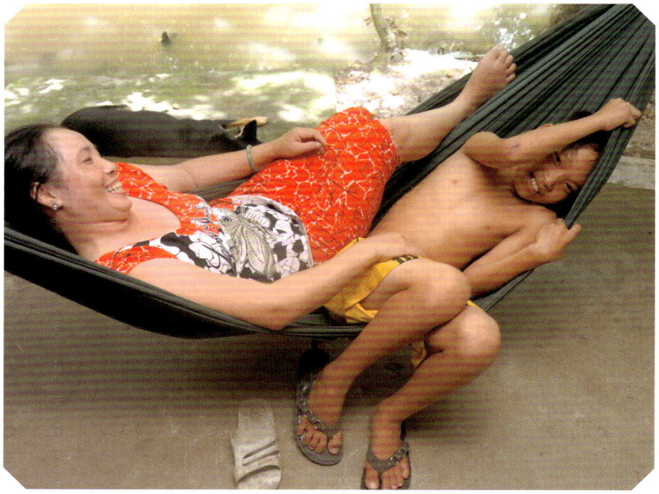

お母《かあ》さんとハンモックに乗《の》っておしゃべりする

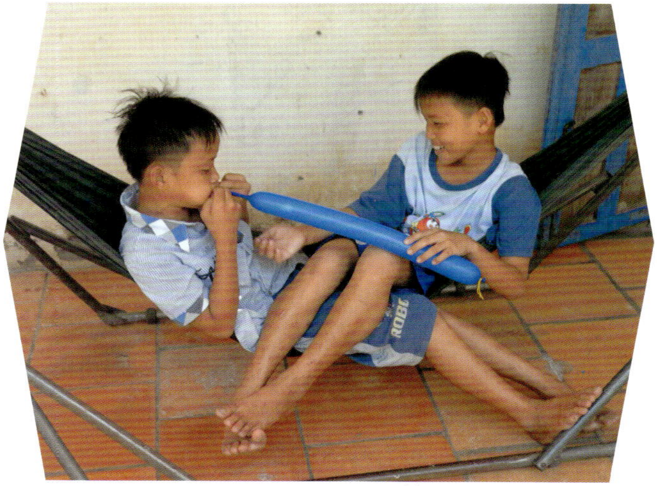

おもちゃをもってよくふたりで遊《あそ》んでいる

ハンモックをイスにして、おやつを食《た》べる

ハンモックの時間《じかん》

昼《ひる》の暑《あつ》いときや、仕事《しごと》のあとのひととき、用水路《ようすいろ》のとなりにつるされた３つのハンモックが大活躍《だいかつやく》します。家《いえ》の中《なか》の風通《かぜとお》しがいい場所《ばしょ》にあるので、家族《かぞく》のいこいの場《ば》になっていて、おじいさんは自分専《じぶんせん》用《よう》のハンモックで、１日《にち》ゆられています。

親《しん》せきやソンとチュンの友《とも》だちがきたときも、ハンモックでゆらゆらしながらおしゃべり。応接間《おうせつま》の

それぞれがのんびりする個室《こしつ》のような使《つか》い方《かた》も

「お姉《ねえ》ちゃん重《おも》たいよ!」3人《にん》乗《の》りをすることもある

ような役割《やくわり》ももっているようです。

ハンモックは昼寝《ひるね》をするだけでなく、イスになったり、ソンとチュンの遊《あそ》び場《ば》になったり、音楽《おんがく》をききながらひとりになれる場所《ばしょ》にもなっています。

お父《とう》さんは仕事《しごと》で疲《つか》れているせいか、うたた寝《ね》をしていることが多《おお》いようでした。

近所《きんじょ》のどの家《いえ》にいっても必《かなら》ずハンモックはあります。朝早《あさはや》くから活動《かつどう》しはじめるこの地域《ちいき》の人《ひと》たちにとって、暑《あつ》いさかりにハンモックでひと休《やす》みすることは、くらしのちえのようです。

ほら! こんなこともできるよ

制服《せいふく》に赤《あか》いネクタイをむすぶ

自転車屋《じてんしゃや》さんでパンクを直《なお》してもらう

ベトナムの朝《あさ》

グエンさん一家《いっか》は、みんな朝《あさ》5時《じ》に起《お》きます。ソンとチュンは制服《せいふく》を着《き》て身《み》じたくし、6時《じ》には家《いえ》を出発《しゅっぱつ》。自転車《じてんしゃ》に乗《の》って、10分《ぷん》ぐらいで学校《がっこう》近《ちか》くの自転車《じてんしゃ》置《お》き場《ば》に到着《とうちゃく》します。そこからメコン川《がわ》にかかる長《なが》い橋《はし》をわたって学校《がっこう》へ。あたりには大人《おとな》も子《こ》どももたくさんいて、朝《あさ》からにぎやかです。

学校《がっこう》へ着《つ》いてから授業開始《じゅぎょうかいし》までは時間《じかん》がたっぷりあります。じつはこの時間《じかん》が子《こ》どもたちのお楽《たの》しみのとき。みんな早《はや》く学校《がっこう》へきていて、肩《かた》を組《く》んでおしゃべりしたり、輪《わ》になって「ダーカウ」という、足《あし》でバドミントンの羽根《はね》のようなものを蹴《け》り合《あ》う遊《あそ》びをしたりしています。

学校《がっこう》へ出発《しゅっぱつ》！ ソン、いそいで！

さわやかな朝《あさ》の空気《くうき》の中《なか》、橋《はし》をわたる人々《ひとびと》

「おはよう！」朝《あさ》からみんな元気《げんき》だ

学校《がっこう》のまえの屋台《やたい》で朝《あさ》ごはんのラーメン

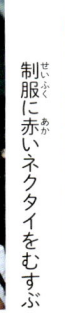

ソンとチュン、朝《あさ》ごはん食《た》べたか?!

学校《がっこう》の門《もん》のまえには、屋台《やたい》がならんでいる

授業《じゅぎょう》がはじまるまで学校《がっこう》の校庭《こうてい》で遊《あそ》ぶ

学校《がっこう》の門《もん》のまえには、アイスキャンディーが当《あ》たるゲームの屋台《やたい》、焼《や》きバナナや朝《あさ》ごはんが食《た》べられる屋台《やたい》などがずらりとならんでいます。

ソンとチュンは、毎朝《まいあさ》この外《そと》の屋台《やたい》か、学校《がっこう》の中《なか》の食堂《しょくどう》で朝食《ちょうしょく》をとります。学校《がっこう》の門《もん》の外《そと》は楽《たの》しい誘《ゆう》惑《わく》でいっぱいですが、授業《じゅぎょう》がはじまる時間《じかん》になると、みんなまじめな顔《かお》で門《もん》の中《なか》へ入《はい》っていきます。

ベトナムの学校《がっこう》は9月《がつ》から新学期《しんがっき》がはじまります。小学校《しょうがっこう》は5年間《ねんかん》、中学校《ちゅうがっこう》は4年間《ねんかん》で、ソンとチュンは9月《がつ》から中学校《ちゅうがっこう》に入学《にゅうがく》しました。

学校《がっこう》は2部制《ぶせい》で、学年《がくねん》によって午前《ごぜん》と午後《ごご》にわかれています。ソンとチュンの学年《がくねん》は朝《あさ》7時《じ》から授業《じゅぎょう》をはじめ、11時《じ》10分《ぷん》にはすべて終了《しゅうりょう》します。授業《じゅぎょう》は月曜《げつよう》から土曜《どよう》まで週《しゅう》6日《むいか》で、ひとつの授業《じゅぎょう》は45分間《ふんかん》。好《す》きな科目《かもく》は、ソンが英語《えいご》で、チュンが国語《こくご》(ベトナム語《ご》)だと教《おし》えてくれました。

5時間目《じかんめ》が終《お》わると、みんないっせいに下校《げこう》します。クラスがべつべつのソンとチュンは自転車置《じてんしゃお》き場《ば》で待《ま》ち合《あ》わせて、自転車《じてんしゃ》をふたり乗《の》りして帰《き》宅《たく》。それから長《なが》い放課後《ほうかご》の時間《じかん》がスタートします。

一《ひと》クラス四十人《よんじゅうにん》以上《いじょう》で、ぎゅうぎゅうの教室《きょうしつ》

体育《たいいく》の時間《じかん》。みんなで同《おな》じ動《うご》きをするから、ちょっと緊張《きんちょう》

「ぼくはソンです」と黒板《こくばん》に名前《なまえ》を書《か》く

帰《かえ》ろうっと。さあ、遊《あそ》びの時間《じかん》だ

Chartered
Chartered

たっぷり遊《あそ》ぶ午後《ごご》の時間《じかん》

学校《がっこう》から帰《かえ》ったソンとチュンは、すぐに制服《せいふく》をぬいでT《ティー》シャツに着《き》がえます。放課後《ほうかご》、ふたりはいつもいっしょなので、遊《あそ》び相手《あいて》に事欠《ことか》きません。庭《にわ》の果物《くだもの》をとったり、工作《こうさく》をしたり、カードゲームをしたりして、遊《あそ》びまわります。雨期《うき》のときも、水《みず》たまりの水《みず》を思《おも》いっきり蹴《け》りあげて、水遊《みずあそ》び。夕《ゆう》ごはんの手伝《てつだ》いをするまで思《おも》い思《おも》いにすごします。

あまいサポジラの実《み》をとっておやつに食《た》べる

風船《ふうせん》と缶《かん》で、ふえを作《つく》った。「ブオー!」

カードゲームで、チュンをだましたソンが大笑《おおわら》い

ろうそくと缶《かん》で大《おお》きな炎《ほのお》を作《つく》る遊《あそ》び。あぶないよ!

空《あ》き缶《かん》の車《くるま》、かっこよくできた!

どこまでとぶかな?

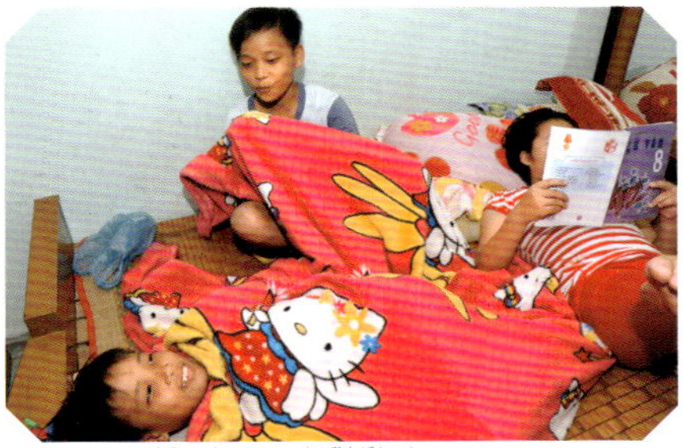

夜《よる》8時《じ》には家族全員《かぞくぜんいん》がねむる

水《みず》たまりも遊《あそ》び場《ば》になる

家《いえ》の中《なか》を走《はし》りまわって遊《あそ》ぶ

「ボールを返《かえ》せ!」「やだよー」

メコン川《がわ》周辺《しゅうへん》のくらし

家《いえ》のまえを流《なが》れる川《かわ》はソンとチュンの遊《あそ》び場《ば》にもなります。ビーチボールやバナナの木《き》の幹《みき》を浮《う》き輪《わ》がわりにしたものをもって、木《き》の上《うえ》からザブンと元気《げんき》にとびこみます。川《かわ》を泳《およ》いで、15m以上先《いじょうさき》の対岸《たいがん》にある友《とも》だちの家《いえ》へ遊《あそ》びにいくこともあります。

ときどき、庭《にわ》のミミズをえさに、釣《つ》りをします。

暑《あつ》いときは川《かわ》で遊《あそ》ぶのがいちばん

釣《つ》れた魚《さかな》は夕《ゆう》ごはんのおかずにする

やってきた行商《ぎょうしょう》の船《ふね》で買《か》い物《もの》の順番《じゅんばん》を待《ま》つソン

川沿《かわぞ》いでは、いつもだれかが釣《つ》りをしていて、ソンとチュンもお母《かあ》さんやお姉《ねえ》さんといっしょに、ワカサギのような小《ちい》さな魚《さかな》を釣《つ》って楽《たの》しみます。

商品《しょうひん》をたくさん積《つ》んだ行商《ぎょうしょう》の船《ふね》が川《かわ》を下《くだ》ってやってくることもあります。ラッパを鳴《な》らしながらくるので、「きたな」とすぐわかって、その音《おと》をきいた子《こ》どもたちはお菓子《かし》を買《か》いに走《はし》ります。この地域《ちいき》の人《ひと》たちにとって川《かわ》は、いっしょに遊《あそ》べる友《とも》だちであり、仕事《しごと》の糧《かて》であり、生活《せいかつ》に必要《ひつよう》なものが手《て》に入《はい》るかけがえのない存在《そんざい》です。

魚《さかな》が釣《つ》れた!
うれしそうな
お母《かあ》さん

「降参《こうさん》したか!」
「まだまだ!」

川《かわ》の中《なか》なら
何時間《なんじかん》でも
遊《あそ》べるよ

川《かわ》で魚《さかな》を洗《あら》おうとしたら電話《でんわ》が鳴《な》った

シャンプーを使《つか》って川《かわ》の水《みず》で髪《かみ》を洗《あら》う

川岸《かわぎし》にとめてあるボートで遊《あそ》ぶ

ある日《ひ》ボートを借《か》りて、グエンさん一家《いっか》は水上《すいじょう》マーケットへでかけました。以前《いぜん》はボートを所有《しょゆう》していたのですが、いまはバイクで移動《いどう》するので、ボートに乗《の》ってでかけるのは久《ひさ》しぶりのことです。家族《かぞく》みんなででかけるときは、道《どう》中《ちゅう》におしゃべりもできるボートがいいようです。

小《ちい》さな川《かわ》、クリークをのぼっていくと、最初《さいしょ》は丸太《まるた》でできた橋《はし》をくぐり、しだいに大《おお》きな橋《はし》と出合《であ》います。川辺《かわべ》には、船《ふね》のための標《ひょう》識《しき》もあります。このあたりでは川《かわ》は道路《どうろ》と同《おな》じ役目《やくめ》をもっているのです。川沿《かわぞ》いに水田《すいでん》や畑《はたけ》が広《ひろ》がり、ライスペーパーを天日《てんぴ》に干《ほ》している風景《ふうけい》も見《み》られます。

川《かわ》はどんどん広《ひろ》くなり、クリークをぬけるとメコン川《がわ》の本流《ほんりゅう》があらわれます。まるで海《うみ》のように広《ひろ》く、本当《ほんとう》に川《かわ》なんだろうかと思《おも》ってしまうほどの巨大《きょだい》な川《かわ》です。

目的《もくてき》の水上《すいじょう》マーケットは、メコン川《がわ》本流《ほんりゅう》の手前《てまえ》にあります。船《ふね》の上《うえ》では、果物《くだもの》やお米《こめ》、野菜《やさい》など、さまざまなものが売《う》られていて、とてもにぎやか。川沿《かわぞ》いの陸地《りくち》にも市場《いちば》があります。お店《みせ》の人《ひと》の威勢《いせい》のいい声《こえ》がとびかう市場《いちば》で、お母《かあ》さんは野菜《やさい》と肉《にく》を買《か》いました。

ボートに乗《の》って出発《しゅっぱつ》！

お父《とう》さんの知《し》り合《あ》いのところでボートをとめて、川沿《かわぞ》いの市場《いちば》へ

モンキーブリッジとよばれる丸太《まるた》の橋《はし》

手《て》こぎのボートとすれちがう

川《かわ》の水《みず》を使《つか》った水田《すいでん》がひろがる

網《あみ》を使《つか》って魚《さかな》をとる人《ひと》たち

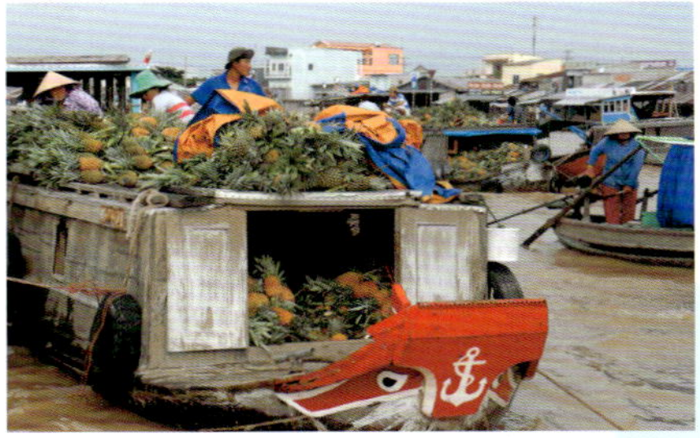

パイナップルを積《つ》んだ船《ふね》

水上《すいじょう》マーケットにはいろいろなお店《みせ》がある

ライスペーパーを作《つく》るところ

天日干《てんぴぼ》しすると、ライスペーパーができあがる

メコン川本流《がわほんりゅう》。奥《おく》にある橋《はし》は外国《がいこく》からの援助《えんじょ》でできた

いらっしゃい！ きょうはなにを買《か》う？

クリークをめぐって日用品《にちようひん》を売《う》る船《ふね》

氷《こおり》を売《う》る船《ふね》

折《お》り紙《がみ》のように紙《かみ》を折《お》って、船《ふね》を作《つく》る

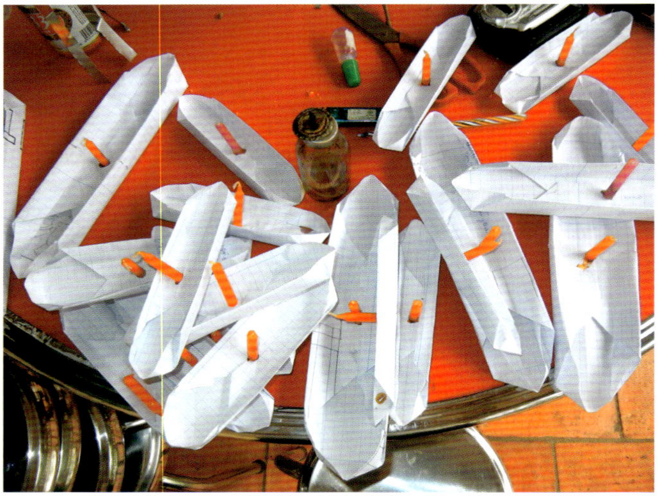

船《ふね》にろうそくを立《た》てると、できあがり

お月見《つきみ》の定番《ていばん》、月餅《げっぺい》

暗《くら》くなったら、ちょうちんをもってでかける

子《こ》どもの日《ひ》の当日《とうじつ》。この日《ひ》は夜《よる》になってから、紙《かみ》で作《つく》った船《ふね》に明《あ》かりをともして川《かわ》に流《なが》します。紙《かみ》の船《ふね》とカラフルなちょうちん、お菓子《かし》の月餅《げっぺい》が子《こ》どもの日《ひ》の必需品《ひつじゅひん》です。準備《じゅんび》をして、夜《よる》をむかえます。

夕方《ゆうがた》になって、ソンとチュンは大好物《だいこうぶつ》の月餅《げっぺい》を家族《かぞく》で分《わ》けあって食《た》べてから、ちょうちんと紙《かみ》の船《ふね》をもってでかけました。子《こ》どもの日《ひ》は中秋節《ちゅうしゅうせつ》、お月見《つきみ》の日《ひ》でもあります。月明《つきあ》かりの中《なか》、子《こ》どもたちは飾《かざ》りつけられた村役場《むらやくば》や川沿《かわぞ》いを練《ね》り歩《ある》きます。

あたりが暗《くら》くなると、もってきた紙《かみ》の船《ふね》を川《かわ》へ流《なが》す時間《じかん》になりました。ろうそくの明《あ》かりが幻想的《げんそうてき》で、子《こ》どもたちはあきずにながめていました。

このお祭《まつ》りは、子《こ》どもたちが楽《たの》しくすごせるよう願《ねが》って続《つづ》いてきた行事《ぎょうじ》です。ソンとチュンの両親《りょうしん》も子《こ》どもたちが元気《げんき》に育《そだ》つように願《ねが》いました。

ソンとチュンにおたがいのことをきいてみると「いっしょにいないとさみしい」「離《はな》れてくらすことは考《かんが》えられない」とふたりとも同《おな》じようなことをいいます。ふたりはこれからもいっしょに成長《せいちょう》していくのでしょう。

橋《はし》のたもとで、紙《かみ》の船《ふね》に立《た》てたろうそくに火《ひ》をともす

人《ひと》が多《おお》くて見《み》えないよー。なにしてるのかなあ?

子《こ》どもたちが楽《たの》しくすごせるようにみんなで願《ねが》う

adidas

ベトナムのあらまし

※データは2021年現在《ねんげんざい》のもの

ホーチミン市《し》にある中央郵便局《ちゅうおうゆうびんきょく》

国名《こくめい》 ベトナム社会主義共和国《しゃかいしゅぎきょうわこく》
人口《じんこう》 約《やく》9762万人《まんにん》
首都《しゅと》 ハノイ
言語《げんご》 ベトナム語《ご》。ほかにチャム語《ご》、クメール語《ご》、ムオン語《ご》、ターイ語《ご》、フモン語《ご》など、さまざまな少数民族《しょうすうみんぞく》の言語《げんご》が使《つか》われている。
民族《みんぞく》 ベトナム人《じん》(キン族《ぞく》)が、約《やく》86%。ほかにタイー族《ぞく》、タイ族《ぞく》など53の少数民族《しょうすうみんぞく》がくらす多民族国家《たみんぞくこっか》。

国土《こくど》

インドシナ半島《はんとう》の東《ひがし》に位置《いち》し、南《なん》北《ぼく》に細長《ほそなが》い。北部《ほくぶ》にはソンコイ(ホン)川《がわ》によるデルタ(川《かわ》が運《はこ》んだ土《ど》砂《しゃ》がつくる広大《こうだい》な平地《へいち》)が、南部《なんぶ》にはメコン川《がわ》のデルタが広《ひろ》がる。面《めん》積《せき》は32.9万《まん》km²。国境《こっきょう》の北《きた》は中国《ちゅうごく》、西《にし》はラオスとカンボジア、東《ひがし》から南《みなみ》は南《みなみ》シナ海《かい》に面《めん》している。

気候《きこう》

北部《ほくぶ》は亜熱帯《あねったい》、南部《なんぶ》は熱帯性気候《ねったいせいきこう》。モンスーン(季節風《きせつふう》)の影響《えいきょう》が大《おお》きく、南西《なんせい》からのモンスーンが吹《ふ》く5～9月《がつ》は大量《たいりょう》の雨《あめ》が降《ふ》る。北部《ほくぶ》にあるハノイの平均気温《へいきんきおん》は1月《がつ》は16℃《ど》、7月《がつ》は29℃《ど》。

通貨《つうか》

通貨《つうか》は、ドン。紙幣《しへい》は12種類《しゅるい》、硬貨《こうか》は5種類《しゅるい》ある。紙幣《しへい》にはホー・チ・ミン主席《しゅせき》の肖像《しょうぞう》が描《えが》かれている。1000ドンは日本円《にほんえん》で約《やく》5円《えん》。

政治《せいじ》

社会主義共和制《しゃかいしゅぎきょうわせい》。元首《げんしゅ》は国家主席《こっかしゅせき》。一院制《いちいんせい》で500議席《ぎせき》。任期《にんき》は5年《ねん》。選挙権《せんきょけん》は18才《さい》から。政党《せいとう》はベトナム共産党《きょうさんとう》の1党《とう》だけ。

歴史《れきし》

紀元前《きげんぜん》203年《ねん》に南越国《なんえつこく》ができる。紀元前《きげんぜん》111年《ねん》に中国《ちゅうごく》(前漢《ぜんかん》)の植《しょく》民地《みんち》となり、約《やく》1000年《ねん》にわたって支配《しはい》された。938年《ねん》に中国《ちゅうごく》から独立《どくりつ》し、1009年《ねん》に李王朝《りおうちょう》が成立《せいりつ》する。1884年《ねん》にフランスの植民《しょくみん》地《ち》となるが、重税《じゅうぜい》などへの不満《ふまん》から抵抗運動《ていこううんどう》が各地《かくち》で起《お》こる。1945年《ねん》の第二次世界大戦終了後《だいにじせかいたいせんしゅうりょうご》、ベトナム共産党《きょうさんとう》を率《ひき》いるホー・チ・ミンは、ベトナム民主共和国《みんしゅきょうわこく》の独立《どくりつ》を宣言《せんげん》する。1946年《ねん》、ベトナムを再《ふたた》び植民地化《しょくみんちか》したいフランスとの間《あいだ》にインドシナ戦争《せんそう》が起《お》こる。1954年《ねん》に休戦《きゅうせん》するが、国土《こくど》は南北《なんぼく》に分《ぶん》断《だん》された。1955年《ねん》、共産主義《きょうさんしゅぎ》の拡《かく》

ホーチミン市《し》の町《まち》なか

ベトナム北部《ほくぶ》ハジャンにある鉱物資源《こうぶつしげん》の採掘現場《さいくつげんば》

ホーチミン市《し》にあふれるバイク

ベトナムの紙幣《しへい》

ハジャン近《ちか》くの少数民族《しょうすうみんぞく》の村《むら》。村《むら》の人《ひと》が携帯電話《けいたいでんわ》を使《つか》っている

大《だい》を防《ふせ》ぎたいアメリカはベトナム共和国《きょうわこく》を南部《なんぶ》に樹立《じゅりつ》。1960年《ねん》に南《みなみ》ベトナムの解放《かいほう》を目的《もくてき》とする南《みなみ》ベトナム解放民族戦線《かいほうみんぞくせんせん》が結成《けっせい》され、ベトナム戦争《せんそう》が始《はじ》まる。解放民族戦線《かいほうみんぞくせんせん》のゲリラ攻撃《こうげき》に対《たい》して、アメリカ軍《ぐん》は大量《たいりょう》の枯《か》れ葉剤《はざい》をまいたり、空爆《くうばく》を行《おこな》ったりした。枯《か》れ葉《は》剤《ざい》の被害《ひがい》は現在《げんざい》も残《のこ》り、子《こ》どもの世代《せだい》に障《しょう》がいが見《み》られることも多《おお》い。1973年《ねん》に停戦協定《ていせんきょうてい》が成立《せいりつ》し、1975年《ねん》にアメリカが撤退《てったい》。1976年《ねん》に南北《なんぼく》の統一《とういつ》が実現《じつげん》し、ベトナム社会主義共和国《しゃかいしゅぎきょうわこく》となる。1978年《ねん》、隣国《りんごく》カンボジアの内戦《ないせん》に介入《かいにゅう》し、反《はん》ポル・ポト政権《せいけん》を助《たす》けるが1989年《ねん》に撤退《てったい》し、1991年《ねん》に和平《わへい》協定《きょうてい》を結《むす》んだ。1979年《ねん》には中国《ちゅうごく》と戦争《せんそう》を起《お》こしている。

経済面《けいざいめん》では資本主義《しほんしゅぎ》の考《かんが》え方《かた》を取《と》り入《い》れた「ドイモイ」政策《せいさく》を1986年《ねん》から開始《かいし》し、企業《きぎょう》が自由《じゆう》に判断《はんだん》する権利《けんり》を拡大《かくだい》したり、外国《がいこく》の企《き》業《ぎょう》を呼《よ》び入《い》れたりしている。日本《にほん》は、政府開発援助《せいふかいはつえんじょ》（ODA《オーディーエー》）による最《さい》大《だい》の援助国《えんじょこく》である。

産業《さんぎょう》

人口《じんこう》の半数《はんすう》が第一次産業《だいいちじさんぎょう》の農林水《のうりんすい》産業《さんぎょう》に就《つ》いていて、特《とく》に稲作《いなさく》がさかん。石油《せきゆ》や石炭《せきたん》などの鉱物資源《こうぶつしげん》にめぐまれ、特《とく》にスズは豊富《ほうふ》。おもな輸出品《ゆしゅつひん》は衣類《いるい》、携帯電話《けいたいでんわ》やパソコンなどの電子機器《でんしきき》や部品《ぶひん》など。おもな貿易相手国《ぼうえきあいてこく》は、輸出《ゆしゅつ》はアメリカ、中国《ちゅうごく》、日本《にほん》、韓国《かんこく》など、輸入《ゆにゅう》は中国《ちゅうごく》、韓国《かんこく》、日本《にほん》、台湾《たいわん》など。労働力《ろうどうりょく》輸出政策《ゆしゅつせいさく》を打《う》ち出《だ》し、日本《にほん》は主要《しゅよう》な移住労働先《いじゅうろうどうさき》となっている。なかでも技能実習制度《ぎのうじっしゅうせいど》を利用《りよう》して日本《にほん》へ来《く》る人《ひと》は少《すく》なくないが、実習生《じっしゅうせい》への人権侵害《じんけんしんがい》など問題《もんだい》が多《おお》い。

教育《きょういく》

義務教育期間《ぎむきょういくきかん》は、就学前《しゅうがくまえ》の5歳児《さいじ》教育《きょういく》の1年間《ねんかん》、小学校《しょうがっこう》（5年《ねん》）、中学《ちゅうがっ》校《こう》（4年《ねん》）の計《けい》10年間《ねんかん》。高校《こうこう》は3年《ねん》、大学《だいがく》は4～6年《ねん》。高校《こうこう》の教育修《きょういくしゅう》了試験《りょうしけん》に合格《ごうかく》してはじめて、大学《だいがく》受験《じゅけん》の資格《しかく》があたえられる。少数《しょうすう》民族《みんぞく》は地方《ちほう》の山岳地帯《さんがくちたい》などに多《おお》く、貧困《ひんこん》から学校《がっこう》に通《かよ》えないことや、学校《がっこう》に入《はい》っても言葉《ことば》がわからないため、ベトナム語《ご》の授業《じゅぎょう》についていけないなど、課題《かだい》が多《おお》い。

宗教《しゅうきょう》

ほとんどが仏教《ぶっきょう》。カトリックのキリスト教《きょう》や、カオダイ教《きょう》という新《しん》興宗教《こうしゅうきょう》の信者《しんじゃ》もいる。

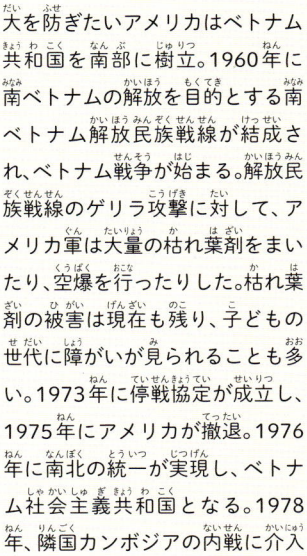

あとがき

ソンとチュンにはじめて会《あ》ったのは10年前《ねんまえ》のことだった。メコン川《がわ》を取材中《しゅざいちゅう》に偶然訪《ぐうぜんおとず》れたグエンさんの家《いえ》で、ふたごの赤《あか》ちゃんがお母《かあ》さんの両腕《りょううで》に抱《だ》かれ、愛《あい》くるしい笑顔《えがお》をふりまいていた。11才《さい》になっているはずのふたごとその家族《かぞく》に、もう一度会《いちどあ》えるのかと思《おも》うと、心《こころ》がわくわくしていた。

しかし、一家《いっか》がくらす家《いえ》の場所《ばしょ》もはっきりとわからず、たどりつけるかどうかもわからないまま、10年前《ねんまえ》に撮《と》った写真《しゃしん》を片手《かたて》に、手当《てあ》たりしだいにたずねながらさがした。村《むら》にふたごはグエンさんのところだけだったのが幸《さいわ》いして、どうにかさがしあてたときの喜《よろこ》びはたとえようがない。ソンとチュンは自然《しぜん》のゆたかな環境《かんきょう》ですくすくと育《そだ》ち、果樹園《かじゅえん》の手伝《てつだ》いをよくして、素直《すなお》な子《こ》どもに育《そだ》っていた。

兄《あに》のチュンはゴーイングマイウェイといった感《かん》じで、どちらかといえばまわりをあまり気《き》にしない性格《せいかく》。自分《じぶん》の好《す》きなことをしている。

弟《おとうと》のソンはいつもにこにこしていて、まわりに気《き》をつかう子《こ》どもだと感《かん》じた。どちらもやさしく、おたがいをたよりにしている。

「大《おお》きくなったらなにになるの？」ときくと、ソンは軍隊《ぐんたい》にいるおじさんを尊敬《そんけい》していて「軍人《ぐんじん》になりたい」といい、チュンは「医者《いしゃ》」という。その話《はなし》を両親《りょうしん》にすると、お父《とう》さんは「好《す》きなことをすればいい」というが、お母《かあ》さんは「できれば、ひとりはそばにいてほしい」という。どちらも本音《ほんね》だと思《おも》う。こんな家庭《かてい》で育《そだ》つソンとチュンはきっと将来《しょうらい》の夢《ゆめ》をかなえることだろう。できれば10年後《ねんご》にふたたび会《あ》いたいと思《おも》う。そのときどんな青年《せいねん》になっているのだろうと考《かんが》えるとそれだけで楽《たの》しくなる。

最後《さいご》に、あたたかく迎《むか》えてくれたグエンさんの家族《かぞく》に感謝《かんしゃ》し、通訳《つうやく》していただいたフックさんに心《こころ》よりお礼《れい》を申《もう》しあげます。

——鎌澤久也《かまざわきゅうや》

鎌澤久也　かまざわきゅうや

1952年岩手県《ねんいわてけん》生《う》まれ。東京写真専門学校卒業《とうきょうしゃしんせんもんがっこうそつぎょう》。(社《しゃ》)日本写真家協会会員《にほんしゃしんかきょうかいかいいん》。駒澤女子大学非常勤講師《こまざわじょしだいがくひじょうきんこうし》。1980年《ねん》よりアジアの人々《ひとびと》、とりわけ少数民族《しょうすうみんぞく》の生活《せいかつ》に関心《かんしん》を抱《いだ》き、彼《かれ》らの衣《い》、食《しょく》、住《じゅう》に関《かか》わる写真《しゃしん》を撮《と》り続《つづ》ける。近年《きんねん》はメコン川《がわ》や長江《ちょうこう》などの大河《たいが》を遡上《そじょう》し、そこに住《す》む人《ひと》たちの生活《せいかつ》に密着《みっちゃく》して写真《しゃしん》を撮《と》っている。「雲南《うんなん》」「メコン街道《かいどう》」など写真展《しゃしんてん》を多《おお》く開催《かいさい》。著書《ちょしょ》に『雲南《うんなん》』『雲南《うんなん》・カイラス…4,000キロ』『玄奘《げんじょう》の道《みち》・シルクロード』『メコン街道《かいどう》』『シーサンパンナと貴州《きしゅう》の旅《たび》』などがある。

世界のともだち 11

ベトナム

ふたごのソンとチュン

写真・文	鎌澤久也
発行	2014年3月1刷　2021年12月4刷
発行者	今村正樹
発行所	偕成社
	〒162-8450 東京都新宿区市谷砂土原町3-5
TEL	03-3260-3221［販売部］ 03-3260-3229［編集部］
URL	http://www.kaiseisha.co.jp/
印刷	東京印書館
製本	難波製本
デザイン	寄藤文平＋鈴木千佳子（文平銀座）
	浜名信次（Beach）
イラスト	鈴木千佳子
編集協力	島本脩二
執筆協力	山田智子（P.38-39）

【おもな参考書籍・ウェブサイト】

・『データブック オブ・ザ・ワールド 2013 世界各国要覧と最新統計』二宮書店

・外務省ウェブサイト（ベトナム社会主義共和国） https://www.mofa.go.jp/mofaj/area/vietnam/data.html

NDC748 25cm 40P. ISBN978-4-03-648110-1

ベトナム